BEI GRIN MACHT SICH IHR WISSEN BEZAHLT

AF135953

- Wir veröffentlichen Ihre Hausarbeit, Bachelor- und Masterarbeit

- Ihr eigenes eBook und Buch - weltweit in allen wichtigen Shops

- Verdienen Sie an jedem Verkauf

Jetzt bei www.GRIN.com hochladen und kostenlos publizieren

Fördert Social Media die Verbreitung von rechtsextremen Ideologien?

Ein politischer Diskurs

Isabel Jung

Bibliografische Information der Deutschen Nationalbibliothek:

Die Deutsche Nationalbibliothek verzeichnet diese Publikation in der Deutschen Nationalbibliografie; detaillierte bibliografische Daten sind im Internet über http://dnb.d-nb.de abrufbar.

ISBN: 9783346578518
Dieses Buch ist auch als E-Book erhältlich.

Das Buch bei GRIN: https://www.grin.com/document/1168276

Seminararbeit

:

Politischer Diskurs am Bespiel von Rechtsextremismus in Social Media

Inhaltsverzeichnis

I

1. Einführung

Etwa vor einem Jahr, am 19. Februar 2020, tötete ein 43-jähriger in Hanau neun Menschen. Alle Opfer hatten einen Migrationshintergrund. Die Tat wird als rechtsextremer Terrorakt mit rassistischem Motiv eingestuft.[1] Nicht nur Hanau ist ein Zeichen rechtextremer Gewalt in den vergangenen Jahren. Beispiele wie Halle (2019), Kassel (2019), München (2016) stehen für rechtsextreme Gewalt in Deutschland. Durch diese Ereignisse kommt das Thema Rechtsextremismus wieder in den Vordergrund von Medien und Politik.

Doch was medial nicht tagtäglich präsent ist, ist das Thema des Rechtsextremismus im Internet. Die Studie „Das Online-Ökosystem rechtsextremer Akteure" stellte fest, dass allein auf zehn untersuchten Plattformen rund 15.000 bis 50.000 Nutzer rechtsextremen oder rechtspopulistischen Inhalten folgen.[2]

Rechte Propaganda, Hass und Hetze sind alltägliche Erscheinungen, die besonders im Bereich von Social Media auftreten. Social Media bietet nicht nur einen Ort für Diskurs, sondern auch Raum für Verbreitung von ideologischen Theorien. Rechtsextreme Gruppen nutzen hier die Möglichkeiten, die Plattformen wie Facebook und YouTube bieten. Mit der stärkeren Nutzung sozialer Medien in allen Altersgruppen steigt auch die Gefahr der stetigen Verbreitung derartiger Inhalte und Ideologien.

In dieser Arbeit soll die Frage untersucht werden, ob Social Media die Verbreitung von rechtsextremen Ideologien fördert. Es soll außerdem beleuchtet werden, in wie fern ein politischer Diskurs in der Erwachsenenbildung über Social Media aktuell abgebildet wird und werden kann. Einzelne Aspekte des Diskurses werden anhand der Theorie von Adorno überprüft. Abschließend lässt diese Betrachtung bewerten, welchen Einfluss die Erwachsenbildung auf den politischen Diskurs hat und wie eine Prävention gegen Rechtspopulismus aussehen kann und muss.

---

[1] Vgl. (Fittkau, 2021)
[2] Vgl. (Robert Bosch Stiftung, 2020)

2. Adornos Ansatz der Erziehung nach Auschwitz

2.1 Grundgedanke und Charakteristika

Der deutsche Soziologe Theodor W. Adorno, der gemeinsam mit anderen Vertretern der Frankfurter Schule die inspirierte Gesellschaftstheorie prägte, forschte an einer interdisziplinären Analyse der Gesellschaft.[3]

Die Frankfurter Schule bezeichnet eine Gruppe von Philosophen und Wissenschaftlern, die an die Theorien von Georg Wilhelm Friedrich Hegel, Karl Marx und Sigmund Freud anknüpften.[4] Sie begründeten die kritische Theorie. In dieser soll die bürgerlich-kapitalistische Gesellschaft analysiert werden. Dabei sollen bestehende Muster aufgedeckt und hinterfragt werden. Ziel ist das Schaffen einer Gesellschaft voll mündiger Menschen. Angestrebt wird eine Gesellschaft ohne Ausbeutung und Unterdrückung.[5] Gemeinsam mit Max Horkheimer entwickelte Adorno die Dialektik der Aufklärung. Mit ihrer Arbeit zeigen die Autoren eine Geschichtsphilosophie der Gesellschaft nach Auschwitz vor. Dabei stellen die beiden die industrielle Massenvernichtung, die Shoah, als Zusammenbruch der Kultur dar. „Die Forderung, dass Auschwitz nicht noch einmal sei, ist die allererste an Erziehung" forderte Adorno am 18. April 1966 im hessischen Rundfunk.[6]

Dabei ist Adorno der Auffassung, dass sich der Charakter nach den Kenntnissen der Psychologie schon in der frühen Kindheit bildet. Daher ist elementar, in der frühen Kindheit mit der Prävention vor „Taten wie in Auschwitz" zu beginnen.[7] Schuldig an der Shoah und damit an Auschwitz erklärt Adorno diejenigen, „welche besinnungslos ihren Hass und ihre Angriffswut an ihren [Opfern] ausgelassen haben".[8]

„Spreche ich von der Erziehung nach Auschwitz", so meine ich zwei Bereiche: Einmal die Erziehung in der Kindheit, zumal der frühen; dann allgemeine Aufklärung, die ein geistiges, kulturelles und gesellschaftliches Klima schafft, das eine Wiederholung nicht zulässt, ein Klima also, in dem die Motive, die zu dem Grauen geführt haben, einigermaßen bewusst werden."[9]

---

[3] Vgl. (Albrecht, Behrmann, Bock, Homann, & Tenbruck, 1999), S. 308.
[4] Vgl (Walter-Busch, 2010) S. 25-27.
[5] Vgl. (Schmidt, 1986), S. 88,89,99.
[6] Vgl. (Klein, Kreuzer, & Müller-Doohm, 2011),S. 12-13 und (Schwarz, 2011), S.1.
[7] Vgl. (Adorno T. , 1977), S.90.
[8] Ebenda S. 90.
[9] Ebenda S. 91.

Für Adorno stellt ein wesentliches Problem in der Gesellschaft dar, dass Menschen keine Bindungen mehr eingehen würden. Dies führe dazu, dass Gruppierungen, die ein Zugehörigkeitsgefühl erzeugen können, eine starke Anziehungskraft haben. Dabei seien besonders Gruppen attraktiv welche Macht, Autorität und Sicherheit vermitteln. Adorno beschreibt hier, dass der Mensch sich von Gruppen und deren Normen und Idealen abhängig mache und sich diesen unterwerfe. Adorno fordert, dass Erziehung als kritische Selbstreflexion erfolgen solle. Der Mensch sei davon abzubringen, ohne Reflexion um sich zu schlagen.[10] Nur durch Selbstreflexion könne der Mensch einen Punkt erreichen, an dem er sich aktiv mit der Geschichte des Nationalsozialismus auseinandersetzt. Dabei muss der Mensch erkennen, dass er nicht diese Verantwortung nicht vor sich herschiebt und nicht blind einer Gruppe und deren Ideologien folgt. Dabei mahnt er, dass die Bevölkerung in Deutschland sich zu wenig mit Ausschwitz auseinandergesetzt habe. Es wurde zu wenig Bewusstsein geschaffen, sodass die Möglichkeit bestehe, dass Ausschwitz sich wiederholen könne.[11]

Seine Kritik richtet sich auch an den traditionellen Bildungsbegriff. Dabei lehnt er eine einseitige Wertevermittlung ab, die in der Gesellschaft jedoch vorherrsche. Erziehung solle keine direkten Werte vermitteln. Der Mensch solle dazu angeregt werden, frei zu denken und zu lernen. Das freie Denken führe dazu, dass die Menschen ihre Umwelt hinterfragen und die Zustände in der Welt nicht so hinnehmen wie sie sind. Adorno vertritt die Theorie von Freud, dass Zivilisation zu Antizivilisation führt. Denn durch die Zivilisation wird immer mehr Druck auf die Menschen ausgeübt. Durch steigenden Druck, Vorschriften und Regulierung fühlt der Mensch sich eingesperrt und versucht zu entfliehen. Dabei wendet sich der Mensch dem zu, was nicht dem Kollektiv entspricht.[12] Es besteht die Gefahr, dass dieses Abwenden von der Gesellschaft mit Wut verbunden ist und zu Gewalt gegen „die Zivilisation" führt.[13] Um eine Wiederholung von Auschwitz zu verhindern muss sich die Gesellschaft die Ursachen dafür bewusst machen und diese anerkennen. Das Geschehene sei kein Zufall gewesen, sondern ein Ausdruck einer gesellschaftlichen Tendenz. Eine Erziehung nach Auschwitz bedeutet für Adorno die Erziehung zur Mündigkeit und Frieden.[14]

---

[10] Vgl. Ebenda S. 90.
[11] Vgl. (Klein, Kreuzer, & Müller-Doohm, 2011), 221-222.
[12] Vgl. Adorno, Theodor (1971), S.9.
[13] Vgl. Ebenda, S.120.
[14] Vgl. (Hetzel, 2011), S.389-390.

2.2 Ergänzungen zu Adorno

Adorno beschreibt zum einen den Druck, der auf der Gesellschaft lastet. Als wesentliche Grundbedingung dient seiner Theorie zufolge der Kapitalismus. Auch in der heutigen Gesellschaft spielen diese Punkte noch eine Rolle. Die Globalisierung und damit einhergehenden Veränderungen führen zu Neuem und Ungewissheit. Ebenfalls steigt die Geschwindigkeit von Veränderungen an. Andersartigkeit und Ungewissheit führen zu Verunsicherung und Angst in der Bevölkerung. Die Studie Eupinions der Bertelsmann Stiftung 2016 hat ergeben, dass Menschen, die die Globalisierung als Bedrohung wahrnehmen eher feindliche Gefühle gegen Ausländer entwickeln.[15]

Ebenfalls bringt der Kapitalismus auch Ungleichheiten in der Gesellschaft mit sich. Soziale Unzufriedenheit bildet einen Nährboden für Rechtextreme. Es wird ein Konkurrenzdenken geschaffen. Mit einer höheren Arbeitslosigkeit, Wohnungsnot und sozialen Schwierigkeiten erhöht sich die Gefahr, dass Menschen Schuldige suchen und sich radikalisieren.[16]

3. Rechtsextremismus im Internet

3.1 Definition Rechtsextremismus

Rechtsextremismus stellt eine ideologische Ausrichtung dar. In diesem Kontext werden häufig Termini wie Rassismus, Antisemitismus, Nationalsozialismus oder Neonazismus verwendet.

Dabei spiegelt eine rechtsextreme Haltung die Meinung wider, dass Menschen die nicht zur „deutschen Nation gehören" als minderwertiger angesehen werden. Festgemacht wird die „Minderwertigkeit" dabei häufig an der Herkunft, Religion oder sexuellen Orientierung. Menschen, die den eigenen Wertevorstellungen entsprechen wird ein größerer Wert zugeschrieben. Rechtsextremismus beinhaltet auch die Bereitschaft aggressiv und mit Gewalt gegen Menschen, die im Bilde der Rechtsextremen als minderwertig angesehen werden, vorzugehen. Ein weiteres Merkmal ist ein erzeugtes Gut-Böse Schema. Dabei richtet sich Verachtung und Hass gezielt gegen Menschen anderer Religion, Herkunft, Hautfarbe, Kultur, politischer und sexueller Orientierung.[17] Im Umkehrschluss wird der Begriff des „Deutschseins" mit positiven Begriffen wie stark und gesund verbunden. Der Rechtsextremismus vertritt klar

---

[15] Vgl. (Chaterine & Hofmann, 2016), S.9-11.
[16] Vgl. (Killguss, 2013)S.132.
[17] Vgl. (Rommelspacher, 2009).S. 25-27.

die Befürwortung einer Diktatur, Ausländerfeindlichkeit und die Verharmlosung des Nationalsozialismus. Hinzu kommt außerdem der Aspekt des Antisemitismus, die Feindschaft gegenüber jüdischen Mitbürgern und Mitbürgerinnen.[18]

3.2 Verbreitung in Deutschland

Eine Studie der Friedrich-Ebert-Stiftung hat im Jahr 2016 die Verbreitung rechtsextremen Denkens in Deutschland untersucht. Es wurde herausgefunden, dass in allen Altersstufen und Geschlechtsgruppen rechtsextreme Denkweisen festzustellen waren.[19] Rechtsgerichtete Kräfte gewinnen zunehmend an Bedeutung in Deutschland. Mit der Partei AfD im Bundestag ist die steigende Zustimmung in der Bevölkerung sehr deutlich. Aber auch in ganz Europa haben die rechten Gruppen an Zuwachs gewonnen. Dabei gelangen nationalsozialistische, rassistische und ausländerfeindliche Ideen in die Gesellschaft, die bisher im Diskurs nicht explizit angesprochen wurden.[20]

3.3 Nutzung des Mediums Social Media durch Rechtsextreme

Das Internet bietet durch die einfache Zugänglichkeit die Möglichkeit sich zu vernetzen und Inhalte zu verbreiten. Stellvertretend für Social Media stehen die Plattformen wie zum Beispiel YouTube, Facebook, Instagram. Diese Medien sind auch für die rechte Szene sehr interessant. Hier bietet sich die Möglichkeit rechtes Gedankengut sowohl offen als auch unterschwellig zu posten und auf diesem Weg Hass gegen Minderheiten zu verbreiten.[21]

Digitale Medien verändern die Kommunikation der Rechtsextremen. Soziale Medien dienen oft als Basis für Verbreitung von Ideologien. Durch die Interaktivität und Dynamik, welche die sozialen Medien bieten, wird die Hemmschwelle gesenkt sich an Beiträgen zu beteiligen. Ein wesentliches Problem ist die Bildung von Schwärmen. Das heißt, Nutzer mit gleicher Einstellung bündeln in ihrer Blase Informationen. Internetplattformen wie YouTube und Wikipedia leben von Schwarmstrukturen. Ein Problem stellen diese Schwarmkulturen dann dar, wenn ein offener Diskurs, politische Korrektheit und demokratische Werte abgelehnt werden.[22]

Die rechte Szene nutzt diese Schwarmkulturen gezielt für ihre Zwecke. Innerhalb des Schwarmes kann eine virtuelle Gemeinschaft entstehen. Dabei verschwimmt schnell die

---

[18] Vgl. (Rommelspacher, 2009), S. 26-28.
[19] Vgl. (Zick, Küpper, & Krause, 2016).
[20] Vgl. (Diehl, 2018), S. 89.
[21] Vgl. (Glaser, 2016), S.639.
[22] Vgl. (Albrecht, Fielitz, & Marcks, 2019) S.2.

Grenze zwischen Meinungsäußerung und Propaganda. Die Inhalte, die verbreitet werden, gehen von rassistischen Gewaltaufforderungen über gesetzwidrige Symbole und volksverhetzende Musik.[23] Häufig wird versucht die Inhalte in ein nicht offensichtlich rechtsextremes Format zu packen um Identifikationsmöglichkeiten zu generieren. Der Nutzer soll sich in diesem Format wiederfinden und somit angesprochen werden. Es wird versucht ein Gemeinschaftserlebnis und eine Gruppenzugehörigkeit zu schaffen um die Nutzer binden.[24]

Die Aktionsfelder von Rechtextremen erstrecken sich von der Kontaktaufnahme, über die Bekanntmachung von Propaganda bis hin zur Rekrutierung von Menschen. Dabei reichen die Inhalte von antisemitischer Hetze bis zur Leugnung des Holocausts. Der große Vorteil der sozialen Medien ist, dass mit geringem Aufwand eine sehr breite Masse an Nutzern angesprochen werden kann. Durch große Reichweiten und die Interaktivität der sozialen Medien ist es auch möglich, Menschen außerhalb der rechtsextremen Szene anzusprechen. Dabei wird in zwei Schritten vorgegangen. Zuerst wird versucht die Menschen emotional abzuholen. Dabei werden in Videos und Beiträgen, Themen wie sexuelle Gewalt oder Arbeitslosigkeit angesprochen. Im zweiten Schritt wird dann auf externe Webseiten weitergeleitet. Über diesen Weg gelingt es sehr einfach, die Nutzer auf rechte Inhalte aufmerksam zu machen. Dabei werden teils offensichtlich aber auch teils versteckt Hetze und Hass gegenüber Juden, Muslimen, Sinti und Roma, Schwarzen oder Homosexuellen verbreitet. [25]

Beispiele für versteckte rassistische Inhalte sind sogenannte „Memes" (Bild-Text-Kombinationen), zumeist mit Humor oder Satire. Diese enthalten rechte Botschaften und werden über die sozialen Medien geteilt. Damit ersetzen sie lange textbasierte Inhalte und sind leicht verständlich.[26] Durch die Einbettung in solche Formate soll eine Grundlage für eine Rechtswende geschaffen werden. Politische und gesellschaftliche Probleme werden für die eigene Sache genutzt. Häufig wird dabei zu Protesten und Gewalt aufgerufen.[27] Die Kommentarfunktion der Social Media Plattformen bietet oftmals die Möglichkeit in einer Blase, also nur mit Gleichgesinnten, in den Austausch zu treten. Es herrscht hier zumeist ein einseitiger Diskurs, der häufig von sprachlicher Gewalt geprägt ist.[28]

---

[23] Vgl. (Glaser & Schneider, Zielgruppe Jugend: Rechtsextreme im Social Web., 2012), S40-46.
[24] Vgl. Ebenda.
[25] Vgl. (Meister, 2012).
[26] Vgl. (Albrecht, Fielitz, & Marcks, 2019)S.3-4.
[27] Vgl. (Albrecht, Fielitz, & Marcks, 2019) S.6.
[28] Vgl. (Ipsen, Bollhöfner, Seitz, & Wörner-Schappert, 2019) S. 17.

Zusammenfassend kann man sagen, dass die sozialen Medien für die rechtsextreme Szene einen wichtigen Stellenwert eingenommen haben. Der digitale Raum und die Funktionsweise der sozialen Medien bieten hierzu den Rechtspopulisten als ein Werkzeug. In einer Welt, in welcher Social Media täglich genutzt wird, ist die Verzerrung der Realität und die Bildung von Hasskulturen eine konkrete Gefahr für die Demokratie in Deutschland.[29]

3.4 Aktueller Stand

In einer Untersuchung des stiftungsfinanzierten Journalismus Projektes Correctiv in Kooperation mit dem Institut für Sozialwissenschaften Leibnitz, wurden mehr als 4.500 Accounts auf Instagram untersucht. Dabei wurde unter anderem untersucht, wie die Vermittlung politischer Inhalte über Instagram funktioniert und wie politische Themen diskutiert und Debatten beeinflusst werden. Allerdings wurde 2012 im Social Web mit 5.500 Beiträgen ein Zuwachs von rund 50% im Vergleich zum Vorjahr registriert. Vor allem Twitter scheint zur Mobilisierung immer beliebter zu werden. Mit 196 rechtsextremen Kanälen stieg hier die Zahl um 35% im Vergleich zum Vorjahr 2011.[30]

Im Jahr 2014 wurden von Jugenschutz.net rund 6.000 Webseiten und Social-Media-Inhalte als rechtsextrem identifiziert. Dabei wurde jeder dritte Post als unzulässig oder rechtswidrig eingestuft.[31] Das Wachstum lässt sich grundsätzlich auch durch ein generelles Wachstum auf den Social Media Plattformen zurückführen, jedoch ist es Fakt, das Social Media für Rechtextremismus mehr Raum bietet.[32] Dies ist auch anhand der Zahlen der von Jugendschutz.net von 2019 und 2020 zu sehen. In der Untersuchung zur Verbreitung rechtextremer Inhalte im Internet wurden 90% über Social Media ausfindig gemacht.[33]

4. Adornos Lösungsansätze übertragen auf Social Media

Um Adornos Ansatz auf den konkreten Anwendungsfall von Social Media zu übertragen, werden drei zentrale Forderungen von Adorno untersucht und beleuchtet. 1. Kritische Selbstreflektion, 2. Gefahren des Kollektivismus, 3. Ein geistiges, kulturelles und gesellschaftliches Klima schaffen, dass eine Wiederholung nicht zulässt."[34]

---

[29] Vgl. (Diehl, 2018), S. 89-90
[30] Vgl. (CORRECTIV – Recherchen für die Gesellschaft, kein Datum)
[31] Vgl. (jugendschutz.net (Hrsg.), 2015), S 13-14
[32] Vgl. (Ipsen, Bollhöfner, Seitz, & Wörner-Schappert, 2019)S. 25-27
[33]Vgl. Ebenda.
[34] Vgl. (Adorno T. W., 2003), S.690

Der erste Punkt Adornos beschreibt die kritische Selbstreflexion. Elementar ist hierbei sich selbst zu hinterfragen, wenn man sich unter Menschen gleicher Meinungen (Bubble) befindet. Gefahr hierbei ist, dass die eigene Meinung oft nur bestätigt wird und es keinerlei Diskurs gibt.

Die Kommentarfunktion bietet die Möglichkeit, dass Nutzer sich hier selbst und durch Anregung anderer reflektieren. Die Kommentare können verschiedene Standpunkte auf sachlicher Basis zur Diskussion bringen. Dadurch kann der Nutzer seinen eigenen Standpunkt hinterfragen und diskutieren. Auf dieser Ebene fände bereits eine Reflexion statt.

In Übertragung des zweiten Aspekts von Adorno lässt sich folgendes feststellen. Das Internet und viele Plattformen beruhen auf der Idee des Kollektivismus. Das Internet bündelt die Informationen des Kollektivs [35] Algorithmen treffen Entscheidungen, welche auf ein Kollektiv zugeschnitten sind. Sätze wie "Nutzern denen dieser Beitrag gefällt, folgen auch" führen uns zu ähnlichen bzw. verwandten Profilen und fördern den Kollektivismus.

Punkt 3 kann auch als Aufklärung interpretiert werden. Eine Gesellschaft, die ein Klima schafft, das eine Wiederholung nicht zulässt, befasst sich aktiv mit dem Thema des Holocaust, betreibt Aufklärung und Erinnerungskultur, welche gleichzeitig als Prävention dient.

4.1 Wie kann der Ansatz zum Diskurs im Internet beitragen

Alle drei von Adorno erarbeiteten Aspekte lassen sich im Bereich des Social Media, vielleicht sogar besonders bei Social Media wiederfinden. Aus der ersten Betrachtung heraus stellt sich daher auch konkret die Frage, wie mit dem Spannungsverhältnis der bereits angedeuteten Gefahren aber andererseits mit den Chancen umgegangen wird.

Grundlage zur Verbesserung der Situation, sollte eine Aufklärung der Bevölkerung sein. Von Bedeutung ist hierbei, dass es nicht nur um Wissen und die erwünschten Reaktionen zu den Geschehnissen geht, sondern um eine Verinnerlichung.[36] Im Lernprozess sollte ein Diskurs geschaffen werden, der zur selbständigen Reflexion und inneren Auseinandersetzung mit dem Thema Nationalsozialismus und Rechtsextremismus führt.[37] Das Internet und Social Media können zum Aufklärungsprozess beitragen. Eine kritische Beleuchtung des

---

[35] Vgl. (Lonier, 2006)
[36] Vgl. (Heyl, 1996) S. 222. ff.
[37] Vgl. (Meseth, Proske, & Radtke, 2004) S. 144-146

Themas über soziale Medien bietet hier vielfältige Möglichkeiten. Die hohen Nutzerfrequenzen und gerade die Affinität, vor allem junger Menschen, bietet eine Chance des direkten Zugangs zur Bevölkerung.[38]

4.2 Zwischenfazit

Adornos Theorie kann in gewissen Punkten angewandt werden. Social Media Plattformen bieten für die untersuchten Punkte einen Ausgangspunkt. Jedoch reichen die Lösungsansätze für das Internet nicht aus. Durch bestehende Algorithmen und Bubbles in denen sich die Rechtsextremen auf den Plattformen bewegen können die Vorteile nicht überwiegen bzw. besteht die Gefahr, dass den potentiellen aber auch realen Risiken nicht Einhalt geboten wird. Daher soll im nächsten Schritt betrachtet werden, welchen Beitrag die Erwachsenenbildung hierzu leisten kann.

5. Beitrag der Erwachsenenbildung

Ein wichtiger Weg der Erwachsenenbildung sollte die politische Bildung sein. Eine positive Sozialisation und eine eigenständige Urteilsbildung sollte gefördert werden. Dazu kann eine aktiv gelebte Demokratie beitragen. Bildungsarbeit kann dazu beitragen, Urteilskompetenzen; Methodenkompetenzen und Handlungskompetenzen zu stärken. Besonders wichtig ist dabei die Urteilskompetenz, welche die Fähigkeit darstellt, objektiv zu beurteilen. Dies kann in allen Bereichen wie Politik, Gesellschaft und Wirtschaft Anwendung finden.[39]

Gestärkt werden sollte eine politikbezogene Methodenkompetenz. Durch diese sollte eine Beteiligung am politischen Diskurs und einer Reflexion des eigenen Standpunktes trainiert werden. Das Stärken politischer Handlungskompetenzen soll die Fähigkeit stärken sich selbst auszudrücken, die eigene Meinung klar darzustellen aber auch andere Meinungen zu berücksichtigen und wertzuschätzen.[40] Politische Bildungsarbeit sollte auch an den Problempunkten wie Politikverdrossenheit, Vertrauensverlust in die Politik, Abwertung und Exklusion sozialer Randgruppen ansetzen. Es sollten didaktische Konzepte entwickelt werden, die dazu beitragen ein Verständnis von Demokratie zu entwickeln.[41]

Ein Beispiel für politische Bildung stellt das stiftungsfinanzierte Journalismus Projekt Correctiv dar. Ziel ist es Bürger:innen zu informieren, sodass diese auf „demokratischem Weg

---

[38] Vgl. (Imhof, Blum, Bonfadelli, Jarren, & Wyss, 2012), S.102-103.
[39] Vgl. (Imhof, Blum, Bonfadelli, Jarren, & Wyss, 2012), S.243-244.
[40] Vgl. (Hellmuth & Zenaty, 2009), S. 262-286.
[41] Vgl. (Lösch, 2007) S. 76-86.

Probleme lösen und Verbesserungen herbeiführen können."[42] Dabei soll aufmerksam gemacht werden, Aufklärung betrieben, Menschen mit einbezogen werden und die Zivilgesellschaft durch Medienkompetenzen nachhaltig gestärkt werden.[43]

Das Programm Bürgerakademie für Kommunikation hat zum Ziel die Öffentlichkeit zu qualifizieren, indem journalistisches Wissen und Handwerk vermittelt wird. Ähnlich wie bei Adorno hat sich die Projektgruppe dahingehend verschrieben, dass „Jeder Mensch [muss] heutzutage schon als Schüler befähigt werden soll, sich selbst ein Bild zu machen vom Abbild der Welt in den Medien"[44] Es soll ein Beitrag zur Fortbildung aller Menschen geleistet werden, sodass der Umgang mit sozialen Medien besser hinterfragt wird.[45]

Beispiele für diese Art der Arbeit sind Onlinekurse wie „Fakt oder Fake? Wie erkenne ich gezielte Desinformation im Netz?" oder „Wie gegen Hass im Netz wehren?". Im Kurs wird den Teilnehmenden unter anderem erläutert, wie sich rechte Gruppen im Internet organisieren, dieses für ihre Zwecke nutzen und wie man sich selbst dagegen schützen kann.[46]

Ein wichtiger Punkt der auch Adornos Forderung (3) mit anspricht ist die Aufklärung hin zu einer Gesellschaft die keine Wiederholung zulässt. Ein Mittel hierzu ist die Bundeszentrale für politische Bildung (bpb). Die Arbeit richtet sich an außerschulische politische Jugend und Erwachsenenbildung. Die Arbeitsweisen folgen einem öffentlichen und demokratischen Auftrag nach den Prinzipien von Pluralismus, Kontroversität und Rationalität.[47] Neben Seminaren, Publikationen, Lehrmitteln für politische Bildung, Ausstellungen und Wettbewerben betreibt die bpb auch eigene Social Media Plattformen.

Ein weiteres beispielhaftes Format ist „evas.stories" ein Holocaust-Gedenken auf Instagram. Kochavi möchte Instagram als neue Art des Gedenkens nutzen, in einer Zeit in der es nur noch wenige Zeitzeugen gibt. Das Instagram Profil zeigt die Geschichte der 13-jährigen Eva Heymann. Im Oktober 1944 wurde sie in Auschwitz ermordet.[48] Dieses spezielle Format, erreicht die Nutzer, in einer kurzlebigen Welt, in der wir gewohnt sind kurze Sequenzen zu sehen. Die Geschichte des Mädchens setzt auf emotionaler Ebene an, regt zum Nachdenken an und zielt damit auch auf Adornos Aspekte 1 bis 3 ab.

---

42 Vgl. (CORRECTIV – Recherchen für die Gesellschaft, kein Datum)
43 Vgl. Ebenda
44 Vgl. (CORRECTIV – Recherchen für die Gesellschaft gemeinnützige GmbH b), kein Datum)
45 Vgl. (CORRECTIV – Recherchen für die Gesellschaft gemeinnützige GmbH a), kein Datum)
46 Vgl. Ebenda
47 Vgl. (Massing, 2015)
48 Vgl. (Made for minds., kein Datum)

6. Fazit

Abschließend lässt sich feststellen, das Social Media in seiner Omnipräsenz in Bezug auf Rechtsextremismus als Segen und Fluch zugleich bezeichnet werden kann. Einerseits steigen die Zahlen von rechtsextremen Vergehen und Social Media kann als Instrument zur Propaganda missbraucht werden.

Anderseits bietet Social Media auch eine perfekte Grundlage und alle notwendigen Werkzeuge um gegen Rechtsextremismus vor zu gehen und präventiv aktiv zu werden. Dies zeigt sich auch daran, dass sich die erläuterten Beiträge der Erwachsenenbildung sehr gut über Social Media abbilden lassen. Die Förderung der Kompetenzen kann auch über Social Media gestartet und intensiviert werden. Damit kann auch optimal auf die Handlungsfelder und Aspekte nach Adorno eingegangen werden.

Wichtig bleibt zu erwähnen, dass Social Media als neutrales Werkzeug verstanden werden sollte. Dieses Werkzeug sollte vermehrt genutzt werden, um Prävention zu betreiben. Bewusstsein und Aufklärung kann aktiv gefördert werden.

Dies ist besonders auch im Hinblick auf den Generationenübergang und damit dem „Aussterben" von Zeitzeugen sehr wichtig. Damit Social Media nicht ein Ventil rechtsextremer Propaganda wird, sollten aktiv alle Möglichkeiten des Diskurs und der Kompetenzförderung genutzt werden. Viele positive Beispiele, wie einige der erwähnten, zeigen, dass dies erfolgreich möglich ist.

7. Literaturverzeichnis

Adorno, T. (1977). *Erziehung zur Mündigkeit.* Frankfurt.

Adorno, T. W. (2003). *Gesammelte Schriften.* Frankfurt.

Albrecht, C., Behrmann, G. C., Bock, M., Homann, H., & Tenbruck, F. H. (1999). *Die intellektuelle Gründung der Bundesrepublik. Eine Wirkungsgeschichte der Frankfurter Schule.* Frankfurt, New York.

Albrecht, S., Fielitz, M., & Marcks, H. (2019). *Albrecht, Stephen; Fielitz, Maik; Marcks, Holger.* Hamburg.

Albrecht, S., Fielitz, M., & Marcks, H. (2019). *Rechtsextremismus. Digitale Hasskulturen und ihre Folgen.* Hamburg: Institut für Friedensforschung und Sicherheitspolitik.

Chaterine, D. V., & Hofmann, I. (2016). *Globalisierungsangst oder Wertekonflikt? Wer in Europa populistische Parteien wählt und warum. BertelsmannStiftung.* Berlin.

CORRECTIV – Recherchen für die Gesellschaft. (kein Datum). Abgerufen am 15. März 2021 von https://correctiv.org/projekte/

CORRECTIV – Recherchen für die Gesellschaft gemeinnützige GmbH a). (kein Datum). *Weniger Hass und Fakes im Netz? Kann man schaffen.* Abgerufen am 12. März 2021 von https://buergerakademie.info/neuigkeiten/wenigerhassimnetz

CORRECTIV – Recherchen für die Gesellschaft gemeinnützige GmbH b). (kein Datum). *Bürgerakademie für Kommunikation.* Abgerufen am 17. März 2021 von Eine Bürgerakademie für jede und jeden: https://buergerakademie.info/impressum/

Diehl, P. (2018). Rechtspopulismus und Massenmedien. Eine explosive Mischung. In J. Schellhöh, J. Reichertz, & V. M. Heins, *Großerzählungen des Extremen: Neue Rechte, Populismus, Islamismus, War on Terror* (S. 87-96). Bielefeld.

Fittkau, L. (2021). *Ein Jahr nach dem rassistischen Anschlag von Hanau.* Deutschlandfunk. Abgerufen am 02. März 2021 von https://www.deutschlandfunk.de/ein-jahr-nach-dem-rassistischen-anschlag-von-hanau-trauer.724.de.html?dram:article_id=492640

Glaser, S. (2016). Multimedialer Hass – Medienpädagogische Workshops zur Auseinandersetzung mit Rechtsextremismus im Web. In S. B. (Hrsg.), *Strategien der extremen Rechten.* Wiesbaden.

Glaser, S., & Schneider, C. (2012). Zielgruppe Jugend: Rechtsextreme im Social Web. In B. f. (Hrsg.):, *Aus Politik und Zeitgeschichte.62. Jahrgang 18 – 19/2012.* Bonn.

Hellmuth, T., & Zenaty, G. (2009). Was bedeutet politische Bildung? Eine quantitative Analyse der LehrerInnenausbildung und des Verständnisses von politischer Bildung in Österreich. In T. (. Hellmuth, *Das „selbstreflexive Ich".* Beiträge zur Theorie und Praxis politischer Bildung. Innsbruck, Wien, Bozen.

Hetzel, A. (2011). Dialektik der Aufklärung. In R. Klein, J. Kreuzer, & S. Müller-Doohm, *Adorno Handbuch. Leben-Werk-Wirkung* (S. 389-396). Stuttgart, Weimar.

Heyl, M. (1996). *Erziehung nach Auschwitz. Eine Bestandsaufnahem.* Deutschland, Niederland, Israel.

Imhof, K., Blum, R., Bonfadelli, H., Jarren, O., & Wyss, V. (2012). *Demokratisierung durch Social Media.* Zürich.

Ipsen, F., Bollhöfner, J., Seitz, C., & Wörner-Schappert, M. (2019). *Bericht Rechtsextremismus im Netz 2018/2019.* Mainz.

jugendschutz.net (Hrsg. (2015). *Rechtsextremismus online beobachten und nachhaltig bekämpfen. Bericht über Maßnahmen und Recherchen im Jahr 2014.* Mainz.

Killguss, H.-P. (2013). *Das Geschäft mit der Angst. Rechtspopulismus, Muslimfeindlichkeit und die extreme Rechte in Europa.* Köln.

Klein, R., Kreuzer, J., & Müller-Doohm, S. (2011). *Adorno-Handbuch. Leben - Werk - Wirkung.* Stuttgart, Weimar.

Lonier, J. (16. Juni 2006). Kollektivismus im Internet, Weisheit der Massen, Fortschritt der Communities? Alles Trug-schlüsse. *Süddeutsche Zeitung Nr.136.*

Lösch, B. (2007). Deliberative Politik- Demokratisches Bewusstsein und politisches Handeln. In D. H. Lange, *Demokratiebewusstsein. Interdisziplinäre nnäherungen an ein zentrales Thema der Politischen Bildung.* Wiesbaden.

Made for minds. (kein Datum). *Digitales Gedenken*. Abgerufen am 19. März 2021 von "eva.stories": Holocaust-Gedenken auf Instagram: https://www.dw.com/de/evastories-holocaust-gedenken-auf-instagram/a-48593294

Massing, P. (2015). *Bundes- und Landeszentralen für politische Bildung., abgerufen am 19.03.2021, 10.45 Uhr.* Abgerufen am 15. März 2021 von https://m.bpb.de/gesellschaft/bildung/politische-bildung/193394/bundes-und-landeszentralen?p=all

Meister, A. (12. Juli 2012). *Netzpolitik.org.* Von https://netzpolitik.org/2012/rechtsextremismus-online-soziale-netzwerke-sind-jetzt-das-wichtigste-rekrutierungsfeld-fur-nazis/ abgerufen

Meseth, W., Proske, M., & Radtke, F.-O. (2004). *Schule und Nationalsozialismus: Anspruch und Grenzen des Geschichtsunterrichts.* Frankfurt.

Robert Bosch Stiftung. (2020). *Extremismus im Netz: Studie untersucht erstmals umfassend rechtsextreme Akteure auf alternativen Plattformen.* Stuttgart. Abgerufen am 03. März 2021 von https://www.bosch-stiftung.de/de/presse/2020/02/extremismus-im-netz-studie-untersucht-erstmals-umfassend-rechtsextreme-akteure-auf

Rommelspacher, B. (2009). Was ist eigentlich Rassismus? In C. Melter, & P. Mecheril, *Rassismustheorie und -forschung* (S. 25-38). Frankfurt am Main.

Schmidt, A. (1986). Die ursprüngliche Konzeption der Kritischen Theorie im frühen und mittleren Werk Max Horkheimers. In A. W. Axel Honneth, *Die Frankfurter Schule und die Folgen. Referate eines Symposiums der Alexander von Humboldt-Stiftung vom 10.–15. Dezember 1984 in Ludwigsburg.* Berlin.

Schwarz, M. (2011). „Er redet leicht, schreibt schwer". Theodor W. Adorno am Mikrophon. *Zeithistorische Forschungen/Studies in Contemporary History. Online-Ausgabe 8 Heft 2*, S. S.1.

Walter-Busch, E. (2010). *Geschichte der Frankfurter Schule. Kritische Theorie und Politik.* München.

Zick, A., Küpper, B., & Krause, D. (2016). *Gespaltene Mitte – Feindselige Zustände. Rechtsextreme Einstellungen in Deutschland 2016.* Bonn: Herausgegeben für die Friedrich-Ebert-Stiftung.

Zick, A., Küpper, B., & Krause, D. (2016). *Gespaltene Mitte – Feindselige Zustände. Rechtsextreme Einstellungen in Deutschland.* . Bonn: Hrsg. Fridrich-Ebert-Stiftung.